BoD™

BOOKS on DEMAND

Liebe Leserin, lieber Leser,

unsere Arbeitswelt hat so ihre Tücken. Doch ohne Arbeit wäre das Leben öde und freudlos. Arbeit zu schätzen und dennoch auch einmal herzhaft über das eine oder andere lachen, das hilft uns in unserem Arbeitsleben bis zur Rente durchzuhalten.

Ich wünsche Ihnen viel Freude beim Lesen meines neusten Gedichtbandes.

Ihre

Heike Boeke

Heike Boeke

Unsere Arbeitswelt!
- mal zum Lachen und zum Weinen

Bibliografische Information der Deutschen Nationalbibliothek:
Die Deutsche Nationalbibliothek verzeichnet diese Publikation in der Deutschen Nationalbibliografie; detaillierte bibliografische Daten sind im Internet über http://dnb.dnb.de abrufbar.

© 2019 Heike Boeke

Illustration: **Heike Boeke**
Alle Texte und Bilder des Buches sind urheberrechtlich geschütztes Material und ohne explizite Erlaubnis des Urhebers, Rechtsinhabers und Herausgebers für Dritte nicht nutzbar

Herstellung und Verlag: BoD – Books on Demand, Norderstedt

ISBN: 9 783734 793172

Inhalt

Zur Seite wurd er uns gestellt,
falls uns ein Übel überfällt.

Er steht mit Rat und Tat uns bei,
die Stellung ist ihm einerlei.

Doch oft die Hände ihm gebunden,
wird festgestellt in vielen Runden.

Der Chef so manche Finte kennt,
so das man gegen Mauern rennt.

Auch gibt es immer wieder Lücken,
in die er sich kann schnell verdrücken.

Ganz ohne Rat ist's besser nicht,
und manchmal ist auch Licht in Sicht.

Mitarbeitergespräch

Die Pflicht, sie ruft einmal im Jahr,
und manch Gespräch, das ist bizarr.

Der Kopf gewaschen wird dir dann,
und selten man sich wehren kann.

Ganz plötzlich bis du nicht mehr gut,
der Chef ist mächtig auf der Hut.
Es könnt ja sein, du willst mehr Geld,
drum gern er dir den Weg verstellt.

Du bist nicht gut genug für ihn,
angeblich muss er dich oft ziehn.
Er wünscht sich Unternehmergeist,
und dass du dir ein Bein ausreißt.

Entscheidungen er wünscht sich auch,
du stehst jetzt mächtig auf dem Schlauch.

Gerad gestern wurdest du gestoppt,
und warst betitelt als bekloppt.

Zu Recht beschwerte sich ein Kunde,
gesprochen hast ne ganze Stunde.

Das ging doch wesentlich zu weit,
verschwendet hast du deine Zeit,
denn, wenn dem Kunden es nicht passt,
dann war er halt bei uns nur Gast.

Das große Ganze würd dir fehlen,
der Umsatz, der allein würd zählen.
Nur frag ich mich am Ende dann,
wie's ohne Kunden gehen kann.

Zum Test ich wurde herbestellt,
darauf dann die Entscheidung fällt.

Irritiert von mancher Frage,
Kreuzchenfelder ich eintrage.

Was wird damit nur bezweckt?
Vom Personalchef ausgeheckt.

Welch Figur ist mir genehm?
Welche Farbe mir bequem?

Wie verhalt ich mich, wenn's kracht,
oder jemand dämlich lacht?

Uhren ticken rasend schnell.
Hab ich jetzt ein dickes Fell?

Froh bin ich, dass es vorbei,
Testergebnis einerlei.

Ich schlage meine Zeitung auf,
bin auf der Suche.
Der alte Job, er macht mich krank.
Man schätzt mich nicht, bin nur im Wege,
Drum jetzt die Zeitung vor mich lege.

Die Stelle, die da groß erklärt,
auf was gelegt besonders wert.
Gepriesen wird sie mir dort an,
bin sicher, dass ich das auch kann.

Ich rufe an, werd einbestellt,
ganz schnell dann die Entscheidung fällt.

Jetzt bin ich froh, ich tat den Schritt,
dem alten Job gab festen Tritt.

Die Börse ist ein mächtig Tier,
das oft verglichen mit dem Stier.

Der Stier jedoch tritt alles nieder,
die Augen rot, gesenkt das Haupt.

Manch Leid verursacht er dann wieder,
und Menschenleben er oft raubt.

Durch ihn manch Elend kommt zustande,
und Menschen stehen dann am Rande.

Das Geld bekommen meist die Reichen,
die gehen dafür über Leichen.

Manch Arbeitsplatz geopfert wird,
weil man nach Macht und Reichtum giert.

Zu seiner Arbeit eilt beschwingt,
doch bald darauf die Laune sinkt.

Man schaut in mäkliges Gesicht,
auch negatives dort nur spricht.

Da ist kein Lachen und Humor,
ein jeder tritt ins andre Tor.

Da ist nur Kampf um Recht und Frust,
ganz schnell verliert man jetzt die Lust.

Wie schön wär es, wenn Frieden wär,
dann wär die Arbeit nicht so schwer.

Die täglich Arbeit Müh kann sein,
so manches Mal schwer wie ein Stein.

Die Zeit läuft rasend schnell voran,
oft nicht einmal mehr atmen kann.

Dann gibt's Kollegen, die dich nerven,
mit dummen Sprüchen um sich werfen.

Dann gibt es Chefs, die reißen nieder,
uns singen dabei fröhlich Lieder.

Am Montag träumt vom Freitag oft,
auf schnelle Woche nur noch hofft.

Solch Arbeit, die beschwert das Leben,
drum sollt man nach Veränd'rung streben.

In Überstunden wird gemessen,
auch, wenn man sie nur abgesessen.

Nach außen punktet man damit,
beim Chef sind sie der größte Hit.

Wer immer pünktlich geht nach Haus,
Karriereleiter, die bleibt aus.

Doch sind die Stunden die gesessen,
mitunter doch ganz schnell vergessen.

Denn, wenn man nicht mehr wird gebraucht,
sie in der Pfeife sind geraucht.

Mit großen Worten oft verkündet,
in mancher Drohung sie auch mündet.

Gewürfelt wird um jeden Platz,
und in der Hand hat man ein Spatz.

Ganz plötzlich ist man nichts mehr wert,
um Leistung man sich nicht mehr schert.

Denn großes will man nun erbauen,
heraus kommt meist ein großes Grauen.

Das, was so klar und strukturiert,
die Haftung jetzt ganz schnell verliert.

Das, was da lief ganz wie geschmiert,
jetzt nur noch buntes Blatt es ziert.

Und eh man sich gefunden hat,
da findet eine neue statt.

Manch Geld für Tand geopfert wird,
und man beim Börsengang verliert.

In falsche Dinge investiert,
weil man nach Marktmacht nur noch giert.

Oft auch zu Tode wird gespart,
mit Furcht meist ist das noch gepaart.

Und plötzlich ist der Laden dicht,
der Letzte löscht noch aus das Licht.

Da gibt es Chefs, die möcht man morden,
und mancher, der verdient nen Orden.

Die einen meinen nur mit ihnen,
da wären wir wie fleiß'ge Bienen.

Die andern lassen uns nur machen,
sodass wir uns ins Fäustchen lachen.

Ganz selten gibt es solche dann,
die stehen vor uns wie ein Mann.

Die sehen uns als echte Mitarbeiter,
nicht denken nur an die Karriereleiter.

Die sorgen nicht für sich allein,
und trinken nicht allein den Wein.

Die kennen unsere echten Stärken,
und unsere Namen sie sich merken.

Ganz dünn gesät sind sie jedoch,
und meist allein sind sie dann noch.

Jedes Jahr da kommt die Zeit,
in die ich fahren möcht zu Zweit.

Manch Hürde muss nun überwinden,
und auch zuvor mich ganz schön schinden.

Doch just zur gleichen Planungszeit,
im Team entfacht sich jetzt ein Streit.

Die Zeit, die ich mir hab erdacht,
hat Julie auch sich ausgedacht.

Sie hat ein Kind und das zählt mehr,
auch, wenn ich mich geärgert sehr.

Mein Mann jedoch der könnt nur dort,
so ist er dann alleine fort.

Und als der erste Schnee dann fiel,
erdacht ich mir ein neues Ziel.

Zu Zweit wir flogen in die Ferne,
doch Sommerurlaub hätt ich gerne.

Brückentage

Zwei Feiertage sind die Pfosten,
auf denen meine Brücke steht.

Denn Urlaubstage sollts nicht kosten,
wenn's bald dann in die Sonne geht.

So bau ich Brücken mir im Jahr,
als Architekt bin ich ein Star.

Auf ihnen reis ich durch das Land,
und bau ne Burg aus weißem Sand.

So such ich schon die nächste Lücke,
und bau mir dann noch schön're Brücke.

Ich schau hinein und sie ist leer,
obwohl die Arbeit war so schwer.

Doch sagt der Chef, es gibt nicht mehr,
denn Auftrag finden, das sei schwer.

Mein Auto gerad den Geist aufgab,
zu Fuß ich jetzt zur Arbeit trab.

Mein Chef, der sagt: Du kommst zu spät,
und die Maschine still nun steht!

Doch denk ich nun, was stimmt denn jetzt?
Warum er mich denn jetzt so hetzt.

Ein Auftrag finden ist doch schwer,
drum ist die Tüte doch so leer.

Grippewelle

Mein Husten durch die Gänge hallt,
man sieht mich leidende Gestalt.

Rot ist die Nas, das Auge tränt,
nach einem warmen Bett sich sehnt.

Doch will man, dass die andren sehen,
und meine Not sie auch verstehen.

So bring die Viren tapfer mit,
an denen ich seit Tagen litt.

Die Welle schwappt jetzt durch die Gänge,
am Krankenstand herrscht jetzt Gedränge.

Ich steh jetzt wieder völlig gerade,
dafür die andren sind malade.

Kontrolle ist Controlling nicht,
der Hauscontroller uns verspricht.

Man will nur Ziele definieren,
und nicht in Zahlen sich verlieren.

Man will die Chancen nur ergründen,
und falsche Zahlen dann begründen.

Controlling ist nur für Strategen,
damit sich bleiben auf den Wegen.

Zu sparen hilft Controlling auch,
und auch zu machen ganz viel Rauch.

Ich soll mich bilden, mein Chef mir sagt,
für sich die Bildung er vertagt.

Er weiß ja ohnehin schon mehr,
das mit der Bildung ist nicht schwer.

Auch denkt er in ganz andren Sphären,
da braucht man ihn nicht zu belehren.

Doch ich, ich muss noch viel mehr wissen,
denn meine Bildung ist beschissen.

Drum schickt er mich quer durch das Land,
gefüllt werd ich bis an den Rand.

Jetzt weiß ich wirklich mehr als er,
zu zügeln mich fällt äußerst schwer.

Doch irgendwann passiert es dann,
dass ich den Mund nicht halten kann.

Seitdem es fehlt an dem Budget,
zur Schulung drum ich nicht mehr geh.

Events nennt man jetzt Teamausflüge,
damit's zur Stimmung uns beitrüge.

Bezahlen sollen wir die Fete,
von unsrer selbstverdienten Knete.

Für Stimmung selbst wir müssen sorgen,
und Liederbücher auch uns borgen.

Dann sitzen wir so dumm herum,
und meistens sind wir auch noch stumm.

Die Führung findet's große Klasse,
wie ich doch Teamausflüge hasse.

Projekt

Projekte, die sind was für Kämpfer,
die gut vertragen manchen Dämpfer.

Denn meist reißt keiner sich darum,
man schafft sich dafür oft noch krumm.

Von Nörglern wird man torpediert,
oftmals man die Geduld verliert.

Etappenziel oft nicht erreicht,
denn Minenfeldern es oft gleicht.

Da wird gemäkelt und gequält,
weil es an dem Ergebnis fehlt.

Ganz froh ist man am Ende dann,
beenden es letztendlich kann.

Wenn Lösung findet man nicht mehr,
ein Arbeitskreis könnt helfen sehr.

Doch, wenn die falschen Leut drin sitzen,
man kommt vor lauter Wut ins Schwitzen.

Da wird geredet nur im Kreis,
weil keiner es so richtig weiß.

Zerredet wird was vorher klar,
verkompliziert wird es noch gar.

Am Ende ist man völlig irr,
Gedanken sind jetzt nur noch wirr.

Vielleicht wär's besser, denkt man sich,
wenn ich jetzt mach schnell einen Strich.

Dann geh ich in mein Kämmerlein,
genieß zunächst mal ein Glas Wein.

Ein Stift und Blatt ich nehm zur Hand,
und schnell ich eine Lösung fand.

Für Schutz vor Arbeit ich doch bin,
denn Schutzmaßnahmen machen Sinn.

Die Arbeit, die kann sein gefährlich,
und manchmal ist sie sehr entbehrlich.

Man schützt sich daher jedes Jahr,
denn Arbeitsschutz ist dafür da.

Dann schaut man, wie man flieht geschwind,
vor der Gefahr flink wie der Wind.

Bei Überlastung schnell zur Hilfe eilt,
und Überlastungswunden heilt.

Vor Chefs und andren Stolperfallen,
der Arbeitsschutz bewahrt vor allen.

Mal ist's zu warm, dann wieder kalt,
es laut aus allen Büros schallt.

Wer kann in einem solchen Klima leben?
Solln auf der Arbeit alles geben!

Es reicht, ich geh jetzt wieder Heim,
ich reiß mir doch nicht aus mein Bein!

Denn ohne Klima kann nicht schaffen,
ich mach mich doch nicht hier zum Affen.

Die Strategie sie geht nicht auf,
so nimmt das Elend seinen Lauf.

Das Management sucht einen Weg,
für zu viel Kosten ein Beleg.

Drum steht das Männchen jetzt vor mir,
in seinen Augen steht die Gier.

Er will was liefern ohne Sinn,
und fragt mich, wer und was ich bin.

Über Schultern schaut er scheel,
in seinen Haaren glänzt das Gel.

Mit Excel flink errechnet sich,
verzichten könnt man doch auf mich.

Das Management ist hell beglückt,
der große Coup ist ihm geglückt.

Die Dividende fließt jetzt viel,
für Aktionäre war's das Ziel.

Nachdem das Männchen aus dem Haus,
da stellt sich mit Erschrecken raus,
dass meine Arbeit, die war wichtig,
und die Entlassung war nicht richtig.

Jetzt fragt man freundlich bei mir an,
ob ich bald wieder kommen kann.

Mit Kompetenz ist's so ne Sache,
und manchmal ich darüber lache.

Denn alles schreit nach ihr wie wild,
doch, wenn nun die Entscheidung gilt,
dann Kompetenz reicht niemals aus,
und die Entscheidung ist ein Graus.

Kantinenessen, das sagt man,
es niemals nie gesund sein kann.

Denn alles kommt aus einem Topf,
in den man manche Soße stopft.

Zudem gibt's immer nur fett Fleisch,
als Vegetarier laut kreisch.

Dann schmeckt auch alles immer gleich,
die Nudeln sind meist viel zu weich.

Doch gutes Essen kostet Geld,
das oftmals mir den Blick verstellt.

Drum schimpf nicht auf Kantinenfutter,
wenn zahlen willst nicht gute Butter.

Gewerkschaft kämpft für gute Löhne,
schon hört man wieder laut Gestöhne.

Die Wirtschaft, sie ist noch so schwach,
sie lebt nur noch mit ach und krach.

Die Aktionäre schütteln Köpfe,
sie sind doch jetzt die armen Tröpfe.

Die Stadtverwaltung kommt ins Schwitzen,
wo soll das ganze Geld nur sitzen?

Doch gute Arbeit soll man leisten,
der hohe Herr verdient am meisten.

Warum das Fußvolk noch belohnen,
sie sind doch unnütz wie die Drohnen.

Solln glücklich sein, das sie ne Stelle,
und machen nicht so eine Welle.

Gewerkschaft kämpft für gute Löhne,
schon hört man wieder laut Gestöhne.

Der Rücken krumm, die Schulter steif,
für Prävention bin ich jetzt reif.

Der Arbeitgeber will mir Gutes,
drum bin ich wieder guten Mutes.

Ein Seminar heißt "Stress abbauen",
zu einem Nein sollt man sich trauen.

Na ja denk ich, wird das wohl klappen?
Das Bündel Arbeit will mir schnappen.

Dann geh ich jetzt zu meinem Chef,
den ich im Eckbüro antreff.

Das ist zu viel, sag ich mit Mut,
das tut mir überhaupt nicht gut.

Der Chef wird rot und schreit mich an:
Dann häng gefälligst Stunden dran!

Nicht jeder kann hier pünktlich gehen,
gibt er jetzt laut mir zu verstehen.

Die Prävention war pure Theorie,
denn Nein zu sagen geht fast nie.

Wettbewerb

Wir stehn im harten Wettbewerb,
das zu erkennen, das ist herb.

Die andern wolln vom Markt uns fegen,
und Steine in den Weg uns legen.

Sie sind viel besser aufgestellt,
wurd gerade oben festgestellt.

Sie bieten vieles billig an,
was unsereins nicht halten kann.

Zudem sind sie auch noch viel schneller,
schreit es im Haus jetzt immer greller.

Das Marketing soll es drum richten,
und unsre Angebote sichten.

Auch soll es flink die Chancen suchen,
fürn Anteil mehr am großen Kuchen.

Denn wenn uns das nicht schnell gelingt,
die Insolvenz für alle winkt.

Die Arbeit bin ich gerade los,
was mach ich denn zu Hause bloß?

Man ist gefrustet und verwirrt,
wenn die Arbeit man verliert.

Was hab ich denn bloß falsch gemacht?
Ich hab so gar nichts in Verdacht.

Die Arbeit hab ich stets vollbracht,
mitunter sogar in der Nacht.

Krank war ich nie, hab nie gefehlt.
Ob das so gar nicht hat gezählt?

Mein Chef der sagt's in mein Gesicht,
für heute war's die letzte Schicht.

Du bist zu alt für dies Metier,
am Horizont nen Jungspund seh.

Drum mach dir jetzt ne schöne Zeit,
denn bis zur Rente ist's nicht weit.

Ich fühl mich wertlos, ohne Mut,
denn arbeitslos das tut nicht gut.

Es gibt im Haus ne große Leiter,
auf der strebt jeder immer weiter.

Die Sprossen sind gespickt mit Nägeln,
da kann man schnell hinuntersegeln.

Sehr eng ist sie zudem ganz oben,
dort wo die meisten Stürme toben.

Ganz unten drängeln sich oft viel,
und jeder hat ein eignes Ziel.

Da wird getreten und zerstört,
an Leichen man sich wenig stört.

Durch Fallen, Köder und viel Gift,
geht oftmals schnell hinab der Lift.

So überleg, ob es das wert,
und dein Gewissen es beschwert.

Denn bist du oben angelangt,
die Leiter öfters gerne schwankt.

Tief zudem der Fall noch ist,
man dich meist auch schnell vergisst.

Der Kunde ist ein fremdes Wesen,
an dem die Firma soll genesen.

In seinem Kopf wir wollen schauen!
Was sollen wir nur für ihn bauen?

Der Markt ist doch schon voll mit Dingen,
die an den Mann wir sollen bringen.

Zudem das Geld nicht mehr so locker,
den Kunden reißt auch nichts vom Hocker.

Aus Glas am liebsten er uns wär,
dann wär es für uns nicht so schwer.

Doch bleibt er meist geheimnisvoll,
was unser Chef nicht findet toll.

Ein stinkend Pflänzlein wieder wächst,
Kollegen sprechen wie verhext.

Gerücht der Pflanzenname ist,
die gute Laune sie gern frisst.

Da wird gestänkert, das es kracht,
die Hinterlist meist auch noch lacht.

Die Küche stinkt jetzt immer mehr,
das Pflänzlein ist gewachsen sehr.

Es ist so riesig wie ein Baum,
die Wahrheit findet man dort kaum.

Drum mach nicht mit und gieß noch mehr,
ihn auszureißen ist dann schwer.

Visionen schwirren durch die Lüfte,
und honigsüß sind ihre Düfte.

Versprechen Dinge, die nie kommen,
sind meistens auch noch
sehr verschwommen.

Sind Träume, die selten in Erfüllung gehen,
im steifen Wind der Wirklichkeit verwehen.

Entworfen oft in Theorie,
den Praxistest bestehn sie nie.

Visionen sind daher recht nett,
doch oft sind sie geträumt im Bett.

Frierend stehen sie im Eck,
und treffen sich zu einem Zweck.

Lautlos steigen Wolken auf,
Pause dafür nimmt in Kauf.

Friedenspfeifen machen Runden,
Einigkeit man kann bekunden.

Kippen bleiben nur zurück.
Kurzes Zigarettenglück.

Fließband

Am Fließband steh und heb die Hand,
es bringt mich oft um den Verstand.

Geschwindigkeit und Takt sagt an,
egal ob ich es schaffen kann.

Auch Pausen, die bestimmt das Band,
und Menschlichkeit es nie gekannt.

Das Fließband ist ein grausam Ding,
doch meine Arbeit an ihm hing.

Jetzt bin ich froh, dass es vorbei,
und ich vom Fließband bin jetzt frei.

Vorm Bildschirm sitz und fluche ich,
geärgert hab ich wieder mich.

Es liegt an mir, wurd gerad gesagt.
Die Wut an meinen Nerven nagt.

Die Software ist der letzte Mist,
die kostbar Arbeitsstunden frisst

Die Leitung zudem wie ne Schnecke,
gefühlt ich jedes Byte noch wecke.

Doch krieg ich lediglich zu hören:
Die IT ich soll nicht stören.

Und wenn ich dennoch rufe an,
ein Automat ist meist noch dran.

Ein Ticket sagt er, soll ich senden,
an den Support ich soll mich wenden.

Dort hör ich meist es liegt an mir,
und Fehler sind allein mein Bier.

Der Kopf ist schwer, ich bin ganz matt.
Was steht da bloß auf diesem Blatt?

Der Zeiger kriecht so vor sich hin,
die Hand leg ich mir unters Kinn.

In kalten Fluren grell das Licht,
verschwommen ist schon meine Sicht.

Wie lang die Nacht doch wieder ist,
und wie sie Lebenszeit mir frisst.

Ich fühl mich müde und so schlapp,
durch meine Arbeit lustlos tapp.

Maschinen jedoch wollen laufen,
drum kann ich nicht einmal verschnaufen.

Wie hart das Nachtschichtleben ist,
privat das Leben ist dann trist.

Denn, wenn man tags liegt dann im Bett,
im Tagschichtleben ist es nett.

Es klebt und fühlt sich süßlich an,
und schmeißt sich von der Seite ran.

Manch Lob, es ist so hinterhältig,
und daher oft auch widerwärtig.

Es will verlocken und betören,
du wirst manch Falsches darin hören.

Such Freunde daher, die sind ehrlich,
denn falsches Lob, das ist entbehrlich.

Schau daher in die Augen fest,
dann kannst du denken dir den Rest.

Soll Quote denn tatsächlich her,
damit die Macht der Frauen mehr?

Macht's Sinn wie Mann zu treten auf?
Nimmst Lebenszeit dafür in Kauf!

Ist's so toll zu sein ganz oben,
wo mitunter Kriege toben?

Verbieg dich nicht für solche Macht,
denn wenig man dort oben lacht.

Die Luft kann dünn mitunter sein,
und Freunde, meist sind sie nur Schein.

Drum überleg was ist dein Ziel,
nicht nur verdienen Geld ganz viel.

Wenn antrittst geben Männerbünde,
musst haben schon gewichtge Gründe.

Verändern willst so manches Denken,
und Blick von Indexzahlen lenken.

Einen Sinn macht nur die Quote,
wenn du gibst ihr eigne Note.

Ganz niederträchtig kommt's daher,
es zu erkennen fällt oft schwer.

Nach vorne schleimend freundlich ist,
von hinten dir die Seele frisst.

Mit Worten nicht zu greifen ist,
geprägt ist es durch Hinterlist.

Es fällt dich hinterrücks dann an,
dagegen sich nicht wehren kann.

Den Fehler suchst zum Schluss bei dir,
kommst vor dir wie gefang'nes Tier.

Im Übermaß steigt jetzt die Wut,
es schwelt in dir die heiße Glut.

Doch lass dich nicht ins Bockshorn jagen,
und an dem Mobber nicht verzagen.

Sein Intellekt ist nicht sehr weit,
getrieben von Gehässigkeit.

Streck ihm die Faust in sein Gesicht,
denn er ist gar ein armer Wicht.

Lass nicht zu des andren Macht,
auf deine Würde gib drum Acht!

Lieblos in das Eck gestellt,
Licht sehr selten auf sie fällt.

Wasser kriegt sie nur in Raten,
Zuspruch kann sie kaum erwarten.

Sie jedoch, sie ist sehr zäh,
wenn ich sie so dastehn seh.

Staub fällt sanft auf sie hernieder,
sie kann singen manche Lieder.

Davon, das Büros sehr trocken,
und dort viele Menschen hocken.

Davon, das nicht viel gelacht,
und auch nie an sie gedacht.

Doch, wenn richtig sie behandelt,
sie den Raum gar sehr verwandelt.

Freude kann sie euch bereiten,
das lässt sich gar nicht bestreiten.

Es klingelt ohne Unterlass,
wie ich mein Telefon doch hass.

Kaum hab ich gerade aufgelegt,
ein Ton schon durch die Lüfte sägt.

Mein Ohr, es ist schon völlig wund,
es geht heut wieder ganz schön rund.

Der Hörer liegt kaum auf der Gabel,
gefühlt ich bin der Welten Nabel.

Roh schreit es gerade aus der Muschel,
manchmal hör ich nur Genuschel.

Im U-Verzeichnis find ich nix,
wie ich verbinden kann ganz fix.

Doch endlich ist der Tag vorüber,
und meine Nerven auch hinüber.

Schauen Sie einmal auf meiner Website vorbei. Hier finden Sie weitere schöne Gedichtbände mit Gedichten zum Lachen und Nachdenken und weitere Veröffentlichungen von mir.

www.heike-boeke.de

Gedichte Mensch

ISBN: 978-3-7460-3383-9

Gedichte zum Schmunzeln

ISBN: 978-3-7460-3090-6

Gedichte Natur

ISBN: 978-3-7460-1687-0

Gedichte Brücken und Wasserspiele

ISBN: 9783752811094

Gedichte Gesundheit

ISBN: 9-783752 849769

Gedichte Licht und Schatten

ISBN: 9783748175155

Gedichte Männer und Frauen

ISBN: 9783749447336